# English Motivator
## 13 Ways to Learn Basic English

ASHIKAGA Toshihiko

SHIRATORI Ayako

TARNOFF Howard

TSUKAGOSHI Hirofumi

### 音声ファイルのダウンロード／ストリーミング

マーク表示がある箇所は、音声を弊社 HP より無料でダウンロード／ストリーミングすることができます。トップページのバナーをクリックし、書籍検索してください。書籍詳細ページに音声ダウンロードアイコンがございますのでそちらから自習用音声としてご活用ください。

https://www.seibido.co.jp

**English Motivator**
**13 Ways to Learn Basic English**

Copyright © 2017 by ASHIKAGA Toshihiko, SHIRATORI Ayako,
TARNOFF Howard, TSUKAGOSHI Hirofumi

All rights reserved for Japan.
No part of this book may be reproduced in any form
without permission from Seibido Co., Ltd.

# はしがき

　このテキストは、北海道医療大学に入学された皆さんが、中学校・高等学校での英語の勉強を終えて大学英語に取り組む前に、あるいは取り組みながら、再度英語の「基本」の部分の復習を含めて確認ができるよう編集されました。タイトルの『English Motivator』からもわかっていただけるように、英語学習に対するモティベーションを大切にしようという我々英語教員の気持ちが具現化されたテキストです。特に英語に苦手意識を抱いている学生さん、自信を失ってしまっている学生さんたちが、このテキストを通して英語のベースの確認をしながらそれを定着させることができるように作成されています。皆さんが興味を示す例文を多く取り入れたり、インターネットを活用した個別学習を取り入れたりすることによって、英語学習に苦痛を感じず楽しく基礎学力を定着させることができるよう多くの工夫を施してあります。

　本書には以下のような特長があります。

・基本的かつ重要な文法項目の復習・習得に的を絞った。
・章毎に文法項目をまとめ、易しく分かり易く解説することを心がけた。
・各章の冒頭に、実際の英語の世界で使用されているレベルの英文を掲載して、学習する内容が実際にはどのように使用されているかを明確にした。
・各章が完結しているので、講義内での使用と共に自学自習用のテキストとしても適している。
・本書に直結した練習問題がインターネット上にアップロードされており、e-learning 教材として、自分の学習進捗状況を含めて、成績の管理が可能である。

<各章の構成、学習方法>
1. オープニング英文：実際に使用されているレベルの英文を掲載しています。章の学習を終えた段階で内容理解に挑戦してください。

2. 文法項目解説：易しい例文を使用しながら文法事項を解説しています。じっくり読んで文法事項の再確認をしてください。

3. 練習問題（１）「Smooth Reading」：文法解説で使用した英文を、見ながらゆっくり読む練習から始めて、次第に音読スピードを上げ、自然な速さで読めるように練習します。これによって、英語の音にも注意を払いながら基本となる英文の定着を図ります。

4. 練習問題（２）「Sentence Jumbling」：ここでは、上記で使用した例文を「並べ替え問題」を解くことによってさらに定着させます。ヒントとして日本語が提示されていますが、慣れてきたら日本語を隠して単語の並べ替えに挑戦してください。

5. 練習問題（３）「Fill in Blanks ①」：ここでも使用する文は上記と同じです。同じ英文をいろいろな形で触れたり、解いたりすることによって定着を図ります。ここではカッコの穴埋め形式を採っていますが、ポイントとなる箇所を２語、連続して空所にしてあります。皆さんは、音読練習から始めて上の練習問題までで扱っている例文にかなり親しんでいると思いますので、空所を考えて埋めるのみならず、空所のままスムーズに音読ができるよう練習をしてください。

6. 練習問題（４）「Fill in Blanks ②」：ここでは上記と同じ空所補充ではありますが、カッコの位置を変えたり、増やしたりしています。ですので、難易度的には上がっています。１語おきに空所にしていますので、ここでも空所のままスムーズに音読ができるよう練習してください。

7. 練習問題（５）「Translation」：最後に仕上げとして、日本語を見た瞬間に英文を言う練習をします。これまでに、同じ英文を４つのアングルから練習し定着させることができているでしょうから、仕上げは瞬間英作文という方法で行ってください。これがスムーズにできるようになった頃には、皆さんの英語のベースの部分は、さらに高度で複雑な文法項目を含んだテキスト、または実際使われている英文をこなす準備が整っているレベルまで到達しているはずです。

　我々英語教員一同は、皆さんの英語学習が英語"楽"習となるよう精一杯サポートします。皆さんも世界共通語として地位を築きつつある英語を楽しく身に付けることができるよう惜しまぬ努力を重ねていってください。

　最後に、本書の編集・出版をご許諾下さいました株式会社成美堂代表取締役 佐野 英一郎氏、編集に際して何度もご来札下さりながら我々をサポートしてくださった羽田克夫氏に心より感謝申し上げます。

2017年3月
足利俊彦、白鳥亜矢子、ターノフ・ハワード、塚越博史

# 目次

1. 時と動詞（1）be 動詞・一般動詞：現在形・過去形・未来形 ...................... 1

2. 時と動詞（2）進行形（現在進行形、過去進行形） .................................. 7

3. 時と動詞（3）完了形（現在完了形の代表的な3用法：継続、経験、結果） ............... 13

4. 文型（1）第1文型、第2文型、第3文型 .......................................... 19

5. 文型（2）第4文型、第5文型 ..................................................... 25

6. 否定文・疑問文 ................................................................. 31

7. 動名詞 ......................................................................... 37

8. 不定詞（名詞的用法、形容詞的用法、副詞的用法：目的・原因） ...................... 43

9. 助動詞 ......................................................................... 49

10. 受動態 ........................................................................ 55

11. 比較（原級、比較級、最上級） .................................................. 61

12. 分詞（現在分詞、過去分詞：前置、後置） ........................................ 67

13. 関係詞（関係代名詞、関係副詞） ................................................ 73

# 時と動詞（1）be動詞・一般動詞: 現在形・過去形・未来形 VERBS, TENSES 1

> The goal of the study was to investigate the effect Internet usage had on teenagers and whether there was a correlation to their education.

## 動詞の基本

　「あいつからやっとライン来た」という表現を考えます。これを丁寧な日本語にすると例えば「彼からようやくラインが来ました」となるでしょう。ここでこの文の"幹"を考えます。幹とは「何がどうした」です。この場合は「ラインが来た」です。「ライン」が主語、「来た」が動詞です。最初の章ではまず動詞を取りあげます。
　日本語で「わたしたちは学生です（である）」「太郎は家にいます（いる）」「私は英語を勉強します（勉強する）」と表現する時の「です（である）」「います（いる）」「勉強します（勉強する）」が動詞と言われるもので、英語ではbe動詞と一般動詞があります。

(1) be動詞：am, is, are, was, wereなど「です、でした、いる、いた」など。
　　We are students.　　　　わたしたちは学生です。
　　Taro is at home.　　　　太郎は家にいます。
　　I was hungry.　　　　　　わたしは空腹でした。

(2) 一般動詞：be動詞以外の動作や状態を表す動詞。以下ではstudy, have。
　　I study English.　　　　私は英語を勉強します。
　　I have three tickets.　私は3枚チケットを持っています。

## 動詞の時制

次に時間に関することを扱います。
(1) 現在に視点があるとき（現在の事実、習慣などを表すとき）：現在形
　　We study at Health Sciences University of Hokkaido.　わたしたちは北海道医療大学で勉強します。
　　The sun rises in the east and sets in the west.　太陽は東から上り、西に沈みます。

(2) 過去に視点があるとき（過去のある時点での事実、動作や習慣を表すとき）：過去形
　　I was ill last week.　私は先週、病気でした。
　　John Lennon died in 1980.　ジョン・レノンは1980年に亡くなりました。
　　The train stopped at Ishikaritobetsu yesterday because of the heavy snow.
　　その列車は昨日、豪雪により石狩当別で止まりました。

(3) 未来に視点があるとき（未来の予定を表すとき）：未来形
　　I will be nineteen next Friday.　私は今度の金曜日に19歳になります。
　　It's cold. I will shut the window.　寒いです。窓を閉めましょう。
　　The next Olympic Games will be held in Tokyo.　次のオリンピックは東京で開催されます。

このように英語にも日本語と類似した動詞、時（時制）があります。

# Smooth Reading

文を見ながら音読練習をしてください。最初はゆっくりから始めて次第に速めていき、20秒で音読できるようにしてください。

1. We study at Health Sciences University of Hokkaido.
   わたしたちは北海道医療大学で勉強します。

2. The sun rises in the east and sets in the west.
   太陽は東から上り、西に沈みます。

3. I was ill last week.
   私は先週、病気でした。

4. John Lennon died in 1980.
   ジョン・レノンは1980年に亡くなりました。

5. The train stopped at Ishikaritobetsu yesterday because of the heavy snow.
   その列車は昨日、豪雪により石狩当別で止まりました。

6. I will be nineteen next Friday.
   私は今度の金曜日に19歳になります。

7. It's cold. I will shut the window.
   寒いです。窓を閉めましょう。

8. The next Olympic Games will be held in Tokyo.
   次のオリンピックは東京で開催されます。

Unit 1　VERBS, TENSES

# Sentence Jumbling

日本語に合う英文になるように単語を並べ替えてください。但し、（　）内では文頭にくる語も小文字で示してあります。

1. ＿＿＿＿＿＿＿＿＿＿＿＿＿＿＿＿＿＿＿＿＿＿＿＿＿＿＿＿＿＿＿＿
   (University, Hokkaido, Sciences, Health, study, we, at, of).
   わたしたちは北海道医療大学で勉強します。

2. ＿＿＿＿＿＿＿＿＿＿＿＿＿＿＿＿＿＿＿＿＿＿＿＿＿＿＿＿＿＿＿＿
   (rises, west, east, sets, the, the, the, and, sun, in, in).
   太陽は東から上り、西に沈みます。

3. ＿＿＿＿＿＿＿＿＿＿＿＿＿＿＿＿＿＿＿＿＿＿＿＿＿＿＿＿＿＿＿＿
   (week, last, was, ill, I).
   私は先週、病気でした。

4. ＿＿＿＿＿＿＿＿＿＿＿＿＿＿＿＿＿＿＿＿＿＿＿＿＿＿＿＿＿＿＿＿
   (Lennon, John, 1980, died, in).
   ジョン・レノンは1980年に亡くなりました。

5. ＿＿＿＿＿＿＿＿＿＿＿＿＿＿＿＿＿＿＿＿＿＿＿＿＿＿＿＿＿＿＿＿
   (Ishikaritobetsu, yesterday, because, stopped, heavy, snow, train, the, the, at, of).
   その列車は昨日、豪雪により石狩当別で止まりました。

6. ＿＿＿＿＿＿＿＿＿＿＿＿＿＿＿＿＿＿＿＿＿＿＿＿＿＿＿＿＿＿＿＿
   (nineteen, Friday, next, will, be, I).
   私は今度の金曜日に19歳になります。

7. ＿＿＿＿＿＿＿＿＿＿＿＿＿＿＿＿＿＿＿＿＿＿＿＿＿＿＿＿＿＿＿＿
   (cold, it's). (window, shut, will, the, I).
   寒いです。窓を閉めましょう。

8. ＿＿＿＿＿＿＿＿＿＿＿＿＿＿＿＿＿＿＿＿＿＿＿＿＿＿＿＿＿＿＿＿
   (Olympic, Games, Tokyo, next, held, will, the, be, in).
   次のオリンピックは東京で開催されます。

# Fill in Blanks ①

日本語に合う英文になるようにカッコを埋めてください。

1. (_____) (_____) at Health (_____) (_____) of Hokkaido.
   わたしたちは北海道医療大学で勉強します。

2. The sun (_____) (_____) the east and sets in (_____) (_____).
   太陽は東から上り、西に沈みます。

3. I (_____) (_____) last week.
   私は先週、病気でした。

4. John Lennon (_____) (_____) 1980.
   ジョン・レノンは1980年に亡くなりました。

5. The (_____) (_____) at Ishikaritobetsu yesterday because of the heavy snow.
   その列車は昨日、豪雪により石狩当別で止まりました。

6. I (_____) (_____) nineteen next Friday.
   私は今度の金曜日に19歳になります。

7. It's cold. I (_____) (_____) the window.
   寒いです。窓を閉めましょう。

8. The next Olympic Games will (_____) (_____) in Tokyo.
   次のオリンピックは東京で開催されます。

# Fill in Blanks ②

日本語に合う英文になるようにカッコを埋めてください。

1. (_____) study (_____) Health (_____) University (_____) Hokkaido.
   わたしたちは北海道医療大学で勉強します。

2. (_____) sun (_____) in (_____) east (_____) sets (_____) the (_____).
   太陽は東から上り、西に沈みます。

3. (____) was (_____) last (_____).
   私は先週、病気でした。

4. (_____) Lennon (_____) in (_____).
   ジョン・レノンは1980年に亡くなりました。

5. (_____) train (_____) at Ishikaritobetsu (_____) because (_____) the (_____) snow.
   その列車は昨日、豪雪により石狩当別で止まりました。

6. (____) will (_____) nineteen (_____) Friday.
   私は今度の金曜日に19歳になります。

7. It's (_____). I (_____) shut (_____) window.
   寒いです。窓を閉めましょう。

8. The (_____) Olympic (_____) will (_____) held (_____) Tokyo.
   次のオリンピックは東京で開催されます。

# Translation

日本語に合う英文を作ってください。

1．わたしたちは北海道医療大学で勉強します。

2．太陽は東から上り、西に沈みます。

3．私は先週、病気でした。

4．ジョン・レノンは1980年に亡くなりました。

5．その列車は昨日、豪雪により石狩当別で止まりました。

6．私は今度の金曜日に19歳になります。

7．寒いです。窓を閉めましょう。

8．次のオリンピックは東京で開催されます。

# 2 時と動詞（2）進行形（現在進行形、過去進行形） PROGRESSIVES

> Smoking, eating junk food and being physically inactive are shortening Canadians' lives by an average of six years, a new study finds.

## 進行形

「あ、今ちょうど入浴中なんです。すいません。」
Oh, he is taking a bath now. Sorry.

「彼は今、〜しているところです（でした）」「今、〜している真っ最中です（でした）」という言い方を進行形と呼びます。英語ではHe is 〜ing.のような形（be動詞 + 〜ing）をとります。

## 現在進行形

現在あることが進行中であることを表します。「彼は電話中です（今、電話で話しています）。」の文では英語ではHe is talking on the phone.となります。

We are playing cards.
Don't switch off the TV. I'm watching it.

## 過去進行形

過去のある時点であることが進行中だったことを表現します。「私は彼女が電話をしてきたとき、勉強していました。」の文を考えます。「勉強していました I was studying」の部分が進行形です。そして「彼女が電話をしてきたとき when she called me」が過去の時点です。英語では When she called me, I was studying. または I was studying when she called me. となります。

A: I called you yesterday, but you weren't in. Were you playing tennis?
B: No, I was helping Kim. We were working on his car. I wasn't playing yesterday.

# Smooth Reading

文を見ながら音読練習をしてください。最初はゆっくりから始めて次第に速めていき、20秒で音読できるようにしてください。

1. He is taking a bath now.
   彼は今、入浴しています。

2. He is talking on the phone.
   彼は電話で話しています。

3. We are playing cards.
   私たちはトランプをしています。

4. Don't switch off the TV. I'm watching it.
   テレビを消さないで。今、見ています。

5. I was studying when she called me.
   彼女が電話をしてきた時、私は勉強していました。

6. A: I called you yesterday, but you weren't in. Were you playing tennis?
   昨日、電話したけどいなかったね。テニスしていたの。
   B: No, I was helping Kim. We were working on his car. I wasn't playing yesterday.
   いや、キムに手を貸していたんだ。彼の車を修理していたんだ。昨日はしてなかったよ。

## Sentence Jumbling

日本語に合う英文になるように単語を並べ替えてください。但し、（　）内では文頭にくる語も小文字で示してあります。

1. _____
   (taking, bath, now, he, is, a).
   彼は今、入浴しています。

2. _____
   (talking, phone, the, he, on, is).
   彼は電話で話しています。

3. _____
   (playing, cards, are, we).
   私たちはトランプをしています。

4. _____
   (switch, don't, off, the, TV). (watching, I'm, it).
   テレビを消さないで。今、見ています。

5. _____
   (studying, called, when, was, she, me, I).
   彼女が電話をしてきた時、私は勉強していました。

6. _____
   A: (yesterday, weren't, called, you, you, but, in, I). (playing, tennis, were, you)?
   昨日、電話したけどいなかったね。テニスしていたの。

   _____
   B: (helping, Kim, was, no, I). (working, were, his, car, we, on). (yesterday, playing, wasn't, I).
   いや、キムに手を貸していたんだ。彼の車を修理していたんだ。昨日はしてなかったよ。

# Fill in Blanks ①

日本語に合う英文になるようにカッコを埋めてください。

1. He (_____) (_____) a bath now.
   彼は今、入浴しています。

2. He (_____) (_____) on the phone.
   彼は電話で話しています。

3. We (_____) (_____) cards.
   私たちはトランプをしています。

4. Don't switch off the TV. I (_____) (_____) it.
   テレビを消さないで。今、見ています。

5. I (_____) (_____) when she called me.
   彼女が電話をしてきた時、私は勉強していました。

6. A: I called you yesterday, but you weren't in. (_____) (_____) playing tennis?
   昨日、電話したけどいなかったね。テニスしていたの。
   B: No, I (_____) (_____) Kim. We (_____) (_____) on his car. I (_____) (_____) yesterday.
   いや、キムに手を貸していたんだ。彼の車を修理していたんだ。昨日はしてなかったよ。

Unit 2　PROGRESSIVES

# Fill in Blanks ②

日本語に合う英文になるようにカッコを埋めてください。

1. (____) is (_____) a (_____) now.
   彼は今、入浴しています。

2. (____) is (_____) on the phone.
   彼は電話で話しています。

3. (____) are (_____) cards.
   私たちはトランプをしています。

4. Don't (_____) off (_____) TV. (_____) watching (_____).
   テレビを消さないで。今、見ています。

5. (___) was (_____) when (_____) called (_____).
   彼女が電話をしてきた時、私は勉強していました。

6. A: (___) called (_____) yesterday, (_____) you (_____) in.
   (_____) you (_____) tennis?
   昨日、電話したけどいなかったね。テニスしていたの。
   B: No, (___) was (_____) Kim. (_____) were (_____)
   on (_____) car. (___) wasn't (_____) yesterday.
   いや、キムに手を貸していたんだ。彼の車を修理していたんだ。昨日はしてなかったよ。

## Translation

日本語に合う英文を作ってください。

1．彼は今、入浴しています。

2．彼は電話で話しています。

3．私たちはトランプをしています。

4．テレビを消さないで。今、見ています。

5．彼女が電話をしてきた時、私は勉強していました。

6．A: 昨日、電話したけどいなかったね。テニスしていたの。
　　B: いや、キムに手を貸していたんだ。彼の車を修理していたんだ。昨日はしてなかったよ。

# 3 時と動詞（3）完了形（現在完了形の代表的な3用法：継続、経験、結果） PERFECTIVES

Researchers at Yale University School of Public Health have found that book readers have a "significant survival advantage" over those who don't read books.

## 現在完了形

 a. 私は2001年に生まれました。（過去のある時：過去形）
 b. 私は今、17歳です。（現時点：現在形）
 c. 私は17年間ずっと札幌に住んでいます。（生まれてから今までの期間：現在完了形）

 上の例文(c)のように過去のある時点から現時点までの期間を表すときは、完了形の中の現在完了形が用いられます。例文では「17年前から今までずっと」という期間を表現しています。このように「時間の幅を表す」というのが完了形の基本的な考え方です。その代表的な用法は3つあります。以下でその3用法「継続」「経験」「結果（完了）」をみてみます。

## 継続：今までずっと〜し続けています。

I have lived in Sapporo for 17 years.
I have had these shoes for years.
Emma has loved Otaru since she first saw it.

## 経験：今までに〜したことがあります。

過去の一時点から今までに経験したことがあることを表します。

This movie is really good. I have watched it more than 20 times.
I have been to Makubetsu. I went there last summer.

## 結果・完了：ちょうど〜したところです。今は〜してしまっています。

過去に起こったことの現在における結果を表します。

We have just washed the dishes. They are clean now.
Karen has gone to Furano. She is having a lovely holiday.
Your parcel has arrived. The postman brought it this morning.

# Smooth Reading

文を見ながら音読練習をしてください。最初はゆっくりから始めて次第に速めていき、25秒で音読できるようにしてください。

1. I have lived in Sapporo for 17 years.
   私は17年間札幌に住んでいます。

2. I have had these shoes for years.
   私はこの靴を何年も履いています。

3. Emma has loved Otaru since she first saw it.
   エマはそれ(小樽)を最初に見物して以来、ずっと小樽が大好きです。

4. This movie is really good. I have watched it more than 20 times.
   この映画はとてもいいです。私はそれを20回以上観ています。

5. I have been to Makubetsu. I went there last summer.
   私は幕別に行ったことがあります。(私は)そこに昨年の夏に行きました。

6. We have just washed the dishes. They are clean now.
   私たちは皿洗いを終えたところです。(皿は)今、きれいです。

7. Karen has gone to Furano. She is having a lovely holiday.
   カレンは富良野に行ってしまっています。彼女は素敵な休日を過ごしています。

8. Your parcel has arrived. The postman brought it this morning.
   あなたの小包が届いています。郵便屋さんが今朝それを持ってきました。

Unit 3 PERFECTIVES

# Sentence Jumbling

日本語に合う英文になるように単語を並べ替えてください。但し、（ ）内では文頭にくる語も小文字で示してあります。

1. _____
   (Sapporo, years, lived, have, for 17, in, I).
   私は17年間札幌に住んでいます。

2. _____
   (shoes, these, years, have, had, for, I).
   私はこの靴を何年も履いています。

3. _____
   (Emma, Otaru, loved, since, first, saw, has, she, it).
   エマはそれ（小樽）を最初に見物して以来、ずっと小樽が大好きです。

4. _____
   (movie, really, good, this, is). (watched, times, more, have, than, 20, it, I).
   この映画はとてもいいです。私はそれを20回以上観ています。

5. _____
   (Makubetsu, have, been, to, I). (summer, there, went, last, I).
   私は幕別に行ったことがあります。（私は）そこに昨年の夏に行きました。

6. _____
   (washed, dishes, just, have, the, we). (clean, they, now, are).
   私たちは皿洗いを終えたところです。（皿は）今、きれいです。

7. _____
   (Furano, Karen, gone, has, to). (holiday, having, lovely, she, is, a).
   カレンは富良野に行ってしまっています。彼女は素敵な休日を過ごしています。

8. _____
   (arrived, parcel, your, has). (postman, morning, brought, this, the, it).
   あなたの小包が届いています。郵便屋さんが今朝それを持ってきました。

15

# Fill in Blanks ①

日本語に合う英文になるようにカッコを埋めてください。

1. I (_____) (_____) in Sapporo for 17 years.
   私は17年間札幌に住んでいます。

2. I (_____) (_____) these shoes for years.
   私はこの靴を何年も履いています。

3. Emma (_____) (_____) Otaru since she first saw it.
   エマはそれ（小樽）を最初に見物して以来、ずっと小樽が大好きです。

4. This movie is really good. I (_____) (_____) it more than 20 times.
   この映画はとてもいいです。私はそれを20回以上観ています。

5. I (_____) (_____) to Makubetsu. I (_____) (_____) last summer.
   私は幕別に行ったことがあります。（私は）そこに昨年の夏に行きました。

6. We have (_____) (_____) the dishes. They (_____) (_____) now.
   私たちは皿洗いを終えたところです。（皿は）今、きれいです。

7. Karen (_____) (_____) to Furano. She (_____) (_____) a lovely holiday.
   カレンは富良野に行ってしまっています。彼女は素敵な休日を過ごしています。

8. Your parcel (_____) (_____). The postman brought it this morning.
   あなたの小包が届いています。郵便屋さんが今朝それを持ってきました。

# Fill in Blanks ②

日本語に合う英文になるようにカッコを埋めてください。

1. (____) have (_____) in (_____) for (____) years.
   私は17年間札幌に住んでいます。

2. (____) have (_____) these (_____) for (_____).
   私はこの靴を何年も履いています。

3. Emma (_____) loved (_____) since (_____) first (_____) it.
   エマはそれ（小樽）を最初に見物して以来、ずっと小樽が大好きです。

4. (_____) movie (_____) really (_____). I (_____) watched (_____) more (_____) 20 (_____).
   この映画はとてもいいです。私はそれを20回以上観ています。

5. I (_____) been (_____) Makubetsu. (____) went (_____) last (_____).
   私は幕別に行ったことがあります。（私は）そこに昨年の夏に行きました。

6. (_____) have just (_____) the (_____). They (_____) clean (_____).
   私たちは皿洗いを終えたところです。（皿は）今、きれいです。

7. Karen (_____) gone (_____) Furano. (_____) is (_____) a (_____) holiday.
   カレンは富良野に行ってしまっています。彼女は素敵な休日を過ごしています。

8. Your (_____) has (_____). The (_____) brought (_____) this (_____).
   あなたの小包が届いています。郵便屋さんが今朝それを持ってきました。

# Translation

日本語に合う英文を作ってください。

1．私は17年間札幌に住んでいます。

2．私はこの靴を何年も履いています。

3．エマはそれ（小樽）を最初に見物して以来、ずっと小樽が大好きです。

4．この映画はとてもいいです。私はそれを20回以上観ています。

5．私は幕別に行ったことがあります。（私は）そこに昨年の夏に行きました。

6．私たちは皿洗いを終えたところです。（皿は）今、きれいです。

7．カレンは富良野に行ってしまっています。彼女は素敵な休日を過ごしています。

8．あなたの小包が届いています。郵便屋さんが今朝それを持ってきました。

# 文型（1）第1文型、第2文型、第3文型
# SENTENCE PATTERNS (1)

- A new study finds that an allergy to flossing could actually be real, and make gum problems worse.
- Getting young children into bed before 8 p.m. might reduce their risk of being obese in later life, suggests new research published in the Journal of Pediatrics.

英語の文の型は多くありますが、大ざっぱに分類すると5つのパターンに分かれます。本章ではまず、そのうちの3つを扱います。

## 第1文型（S+V）

S=主語、V=動詞、C=補語、O=目的語

「何がどうする」「何がどうした」のパターンです。

| S 何が 何は 誰が 誰は | V どうする どうした |
|---|---|
| 試験が | 終わった |
| The exam | finished. |
| その赤ちゃんは | 微笑んだ |
| The baby | smiled. |

## 第2文型（S+V+C）（S=C）

「何がどうだ」「何がどうだった」のパターンです。

| S 何が 何は 誰が 誰は | V ～だ ～だった | C どう |
|---|---|---|
| 私は | です | 大学生 |
| I | am | a university student. |
| ボブは | だった | 優秀な学生 |
| Bob | was | a good student. |
| 彼女は | ～(の)ようだ | とても緊張している |
| She | looks | very nervous. |

## 第3文型（S+V+O）

「何が何をどうする」「何が何をどうした」のパターンです。

| S 何が 何は 誰が 誰は | V どうする どうした | O 何を 何に 何と |
|---|---|---|
| その教授は | 話す | 上手なスウェーデン語を |
| The professor | speaks | good Swedish. |
| 私たちはみんな | 知っている | その有名な俳優を |
| We all | know | the famous actor. |
| マリリンは | 登った | 富士山に |
| Marilyn | climbed | Mt. Fuji. |

「～を」にあたるものがあるが「～に（富士山に）」とか、「～と（～と結婚した）」になる場合もあります。

# Smooth Reading

文を見ながら音読練習をしてください。最初はゆっくりから始めて次第に速めていき、25秒で音読できるようにしてください。

1. The exam finished.
   試験が終わりました。

2. The baby smiled.
   その赤ちゃんは微笑みました。

3. I am a university student.
   私は大学生です。

4. Bob was a good student.
   ボブは優秀な学生でした。

5. She looks very nervous.
   彼女はとても緊張しているようです。

6. The professor speaks good Swedish.
   その教授は上手なスウェーデン語を話します。

7. We all know the famous actor.
   私たちはみんな、その有名な俳優を知っています。

8. Marilyn climbed Mt. Fuji.
   マリリンは富士山に登りました。

# Sentence Jumbling

日本語に合う英文になるように単語を並べ替えてください。但し、（　）内では文頭にくる語も小文字で示してあります。

1. _____
   (finished, exam, the).
   試験が終わりました。

2. _____
   (smiled, baby, the).
   その赤ちゃんは微笑みました。

3. _____
   (university, student, am, I, a).
   私は大学生です。

4. _____
   (student, good, was, Bob, a).
   ボブは優秀な学生でした。

5. _____
   (nervous, looks, very, she).
   彼女はとても緊張しているようです。

6. _____
   (professor, Swedish, speaks, good, the).
   その教授は上手なスウェーデン語を話します。

7. _____
   (famous, actor, know, all, the, we).
   私たちはみんな、その有名な俳優を知っています。

8. _____
   (Marilyn, climbed, Fuji, Mt.).
   マリリンは富士山に登りました。

# Fill in Blanks ①

日本語に合う英文になるようにカッコを埋めてください。

1. The (_____) (_____).
   試験が終わりました。

2. The (_____) (_____).
   その赤ちゃんは微笑みました。

3. (____) (_____) a university student.
   私は大学生です。

4. (_____) (_____) a good student.
   ボブは優秀な学生でした。

5. (_____) (_____) very nervous.
   彼女はとても緊張しているようです。

6. The (_____) (_____) good Swedish.
   その教授は上手なスウェーデン語を話します。

7. We (_____) (_____) the famous actor.
   私たちはみんな、その有名な俳優を知っています。

8. Marilyn (_____) (_____) Fuji.
   マリリンは富士山に登りました。

Unit 4　SENTENCE PATTERNS (1)

# Fill in Blanks ②

日本語に合う英文になるようにカッコを埋めてください。

1. (_____) exam (_____).
   試験が終わりました。

2. (_____) baby (_____).
   その赤ちゃんは微笑みました。

3. (_____) am (_____) university (_____).
   私は大学生です。

4. (_____) was (_____) good (_____).
   ボブは優秀な学生でした。

5. (_____) looks (_____) nervous.
   彼女はとても緊張しているようです。

6. (_____) professor (_____) good (_____).
   その教授は上手なスウェーデン語を話します。

7. (_____) all (_____) the (_____) actor.
   私たちはみんな、その有名な俳優を知っています。

8. Marilyn (_____) Mt. (_____).
   マリリンは富士山に登りました。

# Translation

日本語に合う英文を作ってください。

1．試験が終わりました。

2．その赤ちゃんは微笑みました。

3．私は大学生です。

4．ボブは優秀な学生でした。

5．彼女はとても緊張しているようです。

6．その教授は上手なスウェーデン語を話します。

7．私たちはみんな、その有名な俳優を知っています。

8．マリリンは富士山に登りました。

# 文型 (2) 第4文型、第5文型
# SENTENCE PATTERNS (2)

5

Britton Barker was in Rio de Janeiro for the Olympic Games with his grandpa Wayne McEntire. They were on the subway. When someone offered the 68-year-old grandpa a seat, he showed it really wasn't necessary. He did something completely unexpected. He grabbed the subway pole with both hands and proceeded to lift his body up, horizontally, and stay there.

この章では5つの文型のうち、残りの2つを扱います。

## 第4文型 (S+V+O+O)

「人に何かを与える」　「人に何かを見せる」　「AにBを〜する」のパターンです。

| S　誰が(は) | V　どうする　どうした | O　Aに | O　Bを |
|---|---|---|---|
| 彼は<br>He | あげた<br>gave | 彼女に<br>her | 誕生日のプレゼントを<br>a birthday present. |
| スティーブは<br>Steve | 教えた<br>taught | ブライアンに<br>Brian | 統計学を<br>statistics. |
| 彼女は<br>She | 読んで聞かせた<br>read | 子どもたちに<br>the children | 面白い話を<br>an amusing story. |
| 私は<br>I | 送った<br>sent | ジェフに<br>Jeff | クリスマスカードを<br>a Christmas card. |

## 第5文型 (S+V+O+C) (O=C)

「〜を〜と…する」「AをBのままにしておく（〜を〜に）」のパターンです。

| S　誰が(は) | V　どうする　どうした | O　Aを | C　Bと　Bに |
|---|---|---|---|
| 私は<br>I | 呼ぶ<br>call | 彼を<br>him | ジョンと<br>Jon. |
| 彼女は<br>She | 名付けた<br>named | 自分の娘を<br>her baby | さやかと<br>Sayaka. |
| 我々は<br>We | 保つ<br>keep | 自分の歯を<br>our teeth | 清潔に<br>clean. |
| 私は<br>I | するつもり<br>will make | 君を<br>you | 幸せに<br>happy. |

# Smooth Reading

文を見ながら音読練習をしてください。最初はゆっくりから始めて次第に速めていき、25秒で音読できるようにしてください。

1. He gave her a birthday present.
   彼は彼女に誕生日のプレゼントをあげました。

2. Steve taught Brian statistics.
   スティーブはブライアンに統計学を教えました。

3. She read the children an amusing story.
   彼女は子どもたちに面白い話を読んで聞かせました。

4. I sent Jeff a Christmas card.
   私はジェフにクリスマスカードを送りました。

5. I call him Jon.
   私は彼をジョンと呼びます。

6. She named her baby Sayaka.
   彼女は自分の娘をさやかと名付けました。

7. We keep our teeth clean.
   我々は自分の歯を清潔に保ちます。

8. I will make you happy.
   私はあなたを幸せにします。

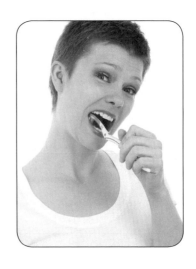

# Sentence Jumbling

日本語に合う英文になるように単語を並べ替えてください。但し、（　）内では文頭にくる語も小文字で示してあります。

1. _____
   (birthday, present, gave, her, he, a).
   彼は彼女に誕生日のプレゼントをあげました。

2. _____
   (statistics, taught, Steve, Brian).
   スティーブはブライアンに統計学を教えました。

3. _____
   (amusing, children, story, read, she, the, an).
   彼女は子どもたちに面白い話を読んで聞かせました。

4. _____
   (Christmas, Jeff, card, sent, I, a).
   私はジェフにクリスマスカードを送りました。

5. _____
   (Jon, him, call, I).
   私は彼をジョンと呼びます。

6. _____
   (Sayaka, named, baby, her, she).
   彼女は自分の娘をさやかと名付けました。

7. _____
   (clean, teeth, keep, our, we).
   我々は自分の歯を清潔に保ちます。

8. _____
   (happy, make, will, you, I).
   私はあなたを幸せにします。

## Fill in Blanks ①

日本語に合う英文になるようにカッコを埋めてください。

1. He (_____) (_____) a birthday present.
   彼は彼女に誕生日のプレゼントをあげました。

2. (_____) (_____) Brian statistics.
   スティーブはブライアンに統計学を教えました。

3. (_____) (_____) the children an amusing story.
   彼女は子どもたちに面白い話を読んで聞かせました。

4. (___) (_____) Jeff a Christmas card.
   私はジェフにクリスマスカードを送りました。

5. I (_____) (_____) Jon.
   私は彼をジョンと呼びます。

6. (_____) (_____) her baby Sayaka.
   彼女は自分の娘をさやかと名付けました。

7. We keep our (_____) (_____).
   我々は自分の歯を清潔に保ちます。

8. I will make (_____) (_____).
   私はあなたを幸せにします。

# Fill in Blanks ②

日本語に合う英文になるようにカッコを埋めてください。

1. (____) gave (_____) a (_____) present.
   彼は彼女に誕生日のプレゼントをあげました。

2. Steve (_____) Brian (_____).
   スティーブはブライアンに統計学を教えました。

3. She (_____) the (_____) an (_____) story.
   彼女は子どもたちに面白い話を読んで聞かせました。

4. (___) sent (_____) a (_____) card.
   私はジェフにクリスマスカードを送りました。

5. (___) call (_____) Jon.
   私は彼をジョンと呼びます。

6. (_____) named (_____) baby (_____).
   彼女は自分の娘をさやかと名付けました。

7. We (_____) our (_____) clean.
   我々は自分の歯を清潔に保ちます。

8. (___) will (_____) you (_____).
   私はあなたを幸せにします。

## Translation

日本語に合う英文を作ってください。

1．彼は彼女に誕生日のプレゼントをあげました。

2．スティーブはブライアンに統計学を教えました。

3．彼女は子どもたちに面白い話を読んで聞かせました。

4．私はジェフにクリスマスカードを送りました。

5．私は彼をジョンと呼びます。

6．彼女は自分の娘をさやかと名付けました。

7．我々は自分の歯を清潔に保ちます。

8．私はあなたを幸せにします。

# 否定文・疑問文
# NEGATIVES, QUESTIONS

- It is important to find out how alcohol affects five of the body's major organs, including the heart, brain, liver, pancreas, and kidneys.
- Most people do not know that the part of the brain where decisions are made is not fully developed until the age of 25.

ここでは基本的な英文の疑問文・否定文の作り方を学習します。

## 肯定文⇒否定文：notを用いる

| be動詞<br>be動詞 + not | Sally　is　an English teacher.<br>↓<br>Sally is not [isn't] an English teacher. |
| --- | --- |
| 助動詞<br>助動詞 + not + 原形 | Pat　can　drive a car.<br>↓<br>Pat　cannot [can't]　drive a car. |
| 一般動詞<br>do [does/did] + not + 原形 | Tina　comes　to school by bus.<br>↓<br>Tina does not [doesn't] come to school by bus. |

## 一般疑問文

| be動詞<br>主語 + be動詞<br>↓<br>Be動詞 + 主語 | Tobetsu is quiet.<br>Is Tobetsu quiet?<br>—Yes, it is. / No, it isn't. |
| --- | --- |
| 助動詞<br>主語 +助動詞<br>↓<br>助動詞 + 主語 | We can take photos of this picture.<br>Can we take photos of this picture?<br>—Yes, you can. / No, you can't. |
| 一般動詞<br>Do [Does/Did] + 主語 + 原形? | Jackie comes to school by bus.<br>Does Jackie come to school by bus?<br>—Yes, he does. / No, he doesn't. |

## 特殊疑問文

Who knows the answer?　　　　What time did you go to bed?
Why do you study English?　　　Which team will win the game?
What happened to you yesterday?　Whose dog is barking over there?

# Smooth Reading

文を見ながら音読練習をしてください。最初はゆっくりから始めて次第に速めていき、25秒で音読できるようにしてください。

1. Sally isn't an English teacher.
   サリーは英語の教師ではありません。

2. Does Jackie come to school by bus?
   ジャッキーはバスで学校に通っていますか。
   Yes, he does. / No, he doesn't.

3. Who knows the answer?
   誰が答えを知っていますか。

4. Why do you study English?
   どうしてあなたは英語を勉強するのですか。

5. What happened to you yesterday?
   昨日は何があったのですか。

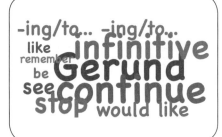

6. What time did you go to bed?
   何時に寝ましたか。

7. Which team will win the game?
   どのチームがその試合に勝つでしょうか。

8. Whose dog is barking over there?
   誰の犬があそこで吠えているのですか。

# Sentence Jumbling

日本語に合う英文になるように単語を並べ替えてください。但し、（ ）内では文頭にくる語も小文字で示してあります。

1. _____
   (teacher, English, isn't, Sally, an).
   サリーは英語の教師ではありません。

2. _____
   (Jackie, school, does, come, bus, to, by)?
   ジャッキーはバスで学校に通っていますか。
   —(does, yes, he). / (doesn't, no, he).

3. _____
   (answer, knows, the, who)?
   誰が答えを知っていますか。

4. _____
   (English, study, why, you, do)?
   どうしてあなたは英語を勉強するのですか。

5. _____
   (yesterday, happened, what, you, to)?
   昨日は何があったのですか。

6. _____
   (time, what, you, bed, did, to, go)?
   何時に寝ましたか。

7. _____
   (which, game, team, will, the, win)?
   どのチームがその試合に勝つでしょうか。

8. _____
   (barking, whose, there, over, dog, is)?
   誰の犬があそこで吠えているのですか。

# Fill in Blanks ①

日本語に合う英文になるようにカッコを埋めてください。

1. (_____) (_____) an English teacher.
   サリーは英語の教師ではありません。

2. (_____) (_____) come to school by bus?
   ジャッキーはバスで学校に通っていますか。
   —Yes, he does. / No, he doesn't.

3. (_____) (_____) the answer?
   誰が答えを知っていますか。

4. (_____) (____) you study English?
   どうしてあなたは英語を勉強するのですか。

5. (_____) (_____) to you yesterday?
   昨日は何があったのですか。

6. (_____) (_____) did you go to bed?
   何時に寝ましたか。

7. (_____) (_____) will win the game?
   どのチームがその試合に勝つでしょうか。

8. (_____) (_____) is barking over there?
   誰の犬があそこで吠えているのですか。

# Fill in Blanks ②

日本語に合う英文になるようにカッコを埋めてください。

1. (_____) isn't (_____) English (_____).
   サリーは英語の教師ではありません。

2. (_____) Jackie (_____) to (_____) by (_____)?
   ジャッキーはバスで学校に通っていますか。
   —Yes, (_____) does. / (_____), he (_____).

3. (_____) knows (_____) answer?
   誰が答えを知っていますか。

4. (_____) do (_____) study (_____)?
   どうしてあなたは英語を勉強するのですか。

5. (_____) happened (_____) you (_____)?
   昨日は何があったのですか。

6. (_____) time (_____) you (_____) to (_____)?
   何時に寝ましたか。

7. Which (_____) will (_____) the (_____)?
   どのチームがその試合に勝つでしょうか。

8. (_____) dog (_____) barking (_____) there?
   誰の犬があそこで吠えているのですか。

# Translation

日本語に合う英文を作ってください。

1．サリーは英語の教師ではありません。

2．ジャッキーはバスで学校に通っていますか。

3．誰が答えを知っていますか。

4．どうしてあなたは英語を勉強するのですか。

5．昨日は何があったのですか。

6．何時に寝ましたか。

7．どのチームがその試合に勝つでしょうか。

8．誰の犬があそこで吠えているのですか。

# 動名詞
# GERUNDS

- The mental, emotional, and physical benefits of playing the violin are amazing.
- Sitting all day can have serious health consequences and possibly even lead to an early death, unless it's offset by one hour of physical activity, according to a new study.
- Spending more than 2.5 hours in front of a television every day could increase your risk of dying from a blood clot in the lung, a new study suggests.

## 動名詞とは

　日本語では「飲む」という動詞に「こと」を付けて「飲むこと」という表現を作ります。「こと」をつけることによって動詞を名詞にすることができます。英語でも同じように、あるものを付けて動詞を名詞に変換することができます。英語では「こと」の代わりに「-ing」を付けます。例えば「スキーをする」という動詞、skiにingをつけてskiingとすると、「スキーをすること」となります。

　　　　動詞　　　　　　動名詞
　　　スキーをする　　　スキーをすること
　　　ski　　　　　　　 skiing

注意しなければならないのはI am skiing.（私はスキーをしています。）というように現在進行形で使用しているingと形は同じでも、働きは異なるということです。

## 動名詞の働き

動名詞には働きが4つあります。おおざっぱに言うなら文の中でどの位置にくるかということです。文の先頭に来る場合、つまり**主語になる場合**がまず1つ目です。

　　　スキーをすることは楽しい。Skiing is fun.

2つ目は文の最後に来る場合です。

　　　私はスキーをすることが好きです。I like skiing.

この場合は**動詞の目的語**になっています。また、文末に来る場合は以下のようなケースもあります。

　　　私の趣味はスキーをすることです。My hobby is skiing.

これは**文の補語**になっている場合です。

最後に4つ目の働きは**前置詞の目的語**になる場合です。

　　　私はスキーをすることが上手です。I am good at skiing.

この場合、ingは前置詞atの目的語になっています。

# Smooth Reading

Self-Study DL 15

文を見ながら音読練習をしてください。最初はゆっくりから始めて次第に速めていき、25秒で音読できるようにしてください。

1. Singing karaoke is fun.
   カラオケを歌うことは楽しいです。

2. Swimming is difficult.
   泳ぐことは難しいです。

3. Playing squash is hard.
   スカッシュをすることは大変です。

4. Remembering the names of all the students is not easy.
   全員の学生の名前を覚えることは簡単ではありません。

5. I like dancing.
   私は踊ることが好きです。

6. He loves skiing.
   彼はスキーをすることが大好きです。

7. My father enjoys playing tennis.
   私の父親はテニスをすることを楽しみます。

8. My hobby is listening to music.
   私の趣味は音楽を聴くことです。

9. Her favorite leisure activity is riding a bicycle.
   彼女の好きな余暇の活動は自転車に乗ることです。

10. One Japanese tradition is eating Osechi on New Year's Day.
    1つの日本の伝統は正月におせちを食べることです。

11. I am fond of collecting stamps.
    私は切手を収集することが好きです。

Unit 7　GERUNDS

# Sentence Jumbling

日本語に合う英文になるように単語を並べ替えてください。但し、（　）内では文頭にくる語も小文字で示してあります。

1. _____
   (karaoke, fun, singing, is).
   カラオケを歌うことは楽しいです。

2. _____
   (is, swimming, difficult).
   泳ぐことは難しいです。

3. _____
   (squash, hard, playing, is).
   スカッシュをすることは大変です。

4. _____
   (students, remembering, names, easy, the, the, not, all, of, is).
   全員の学生の名前を覚えることは簡単ではありません。

5. _____
   (dancing, like, I).
   私は踊ることが好きです。

6. _____
   (skiing, loves, he).
   彼はスキーをすることが大好きです。

7. _____
   (playing, tennis, enjoys, father, my).
   私の父親はテニスをすることを楽しみます。

8. _____
   (listening, music, hobby, my, to, is).
   私の趣味は音楽を聴くことです。

9. _____
   (favorite, leisure, bicycle, activity, riding, her, is, a).
   彼女の好きな余暇の活動は自転車に乗ることです。

10. _____
    (tradition, Japanese, eating, Osechi, Year's, Day, New, one, is, on).
    1つの日本の伝統は正月におせちを食べることです。

11. _____
    (collecting, stamps, fond, of, am, I).
    私は切手を収集することが好きです。

39

# Fill in Blanks ①

日本語に合う英文になるようにカッコを埋めてください。

1. (_____) (_____) is fun.
   カラオケを歌うことは楽しいです。

2. (_____) (_____) difficult.
   泳ぐことは難しいです。

3. (_____) (_____) is hard.
   スカッシュをすることは大変です。

4. (_____) (_____) names of all the students is not easy.
   全員の学生の名前を覚えることは簡単ではありません。

5. I (_____) (_____).
   私は踊ることが好きです。

6. He (_____) (_____).
   彼はスキーをすることが大好きです。

7. My father enjoys (_____) (_____).
   私の父親はテニスをすることを楽しみます。

8. My hobby is (_____) (_____) music.
   私の趣味は音楽を聴くことです。

9. Her favorite leisure activity is (_____) (____) bicycle.
   彼女の好きな余暇の活動は自転車に乗ることです。

10. One Japanese tradition (_____) (_____) Osechi on New Year's Day.
    1つの日本の伝統は正月におせちを食べることです。

11. I am fond of (_____) (_____).
    私は切手を収集することが好きです。

## Fill in Blanks ②

日本語に合う英文になるようにカッコを埋めてください。

1. (_____) karaoke (_____) fun.
   カラオケを歌うことは楽しいです。

2. (_____) is (_____).
   泳ぐことは難しいです。

3. (_____) squash (_____) hard.
   スカッシュをすることは大変です。

4. (_____) the (_____) of (_____) the (_____) is (_____) easy.
   全員の学生の名前を覚えることは簡単ではありません。

5. (____) like (_____).
   私は踊ることが好きです。

6. (_____) loves (_____).
   彼はスキーをすることが大好きです。

7. (_____) father (_____) playing (_____).
   私の父親はテニスをすることを楽しみます。

8. (_____) hobby (_____) listening (_____) music.
   私の趣味は音楽を聴くことです。

9. (_____) favorite (_____) activity (_____) riding (____) bicycle.
   彼女の好きな余暇の活動は自転車に乗ることです。

10. (_____) Japanese (_____) is (_____) Osechi (_____) New (_____) Day.
    1つの日本の伝統は正月におせちを食べることです。

11. (____) am (_____) of (_____) stamps.
    私は切手を収集することが好きです。

41

# Translation

日本語に合う英文を作ってください。

1. カラオケを歌うことは楽しいです。

2. 泳ぐことは難しいです。

3. スカッシュをすることは大変です。

4. 全員の学生の名前を覚えることは簡単ではありません。

5. 私は踊ることが好きです。

6. 彼はスキーをすることが大好きです。

7. 私の父親はテニスをすることを楽しみます。

8. 私の趣味は音楽を聴くことです。

9. 彼女の好きな余暇の活動は自転車に乗ることです。

10. 1つの日本の伝統は正月におせちを食べることです。

11. 私は切手を収集することが好きです。

# 不定詞（名詞的用法、形容詞的用法、副詞的用法：目的・原因） INFINITIVES 8

- To look at the effects of exercise on aging muscles, the team of researchers from McMaster University, Canada studied three groups of mice.
- To test a possible link between cognitive health and physical activity, a team of researchers from the University of Boston compared 29 young adults aged 18-31 with 31 older adults aged 55-82.

## 不定詞とは

「テニス、見るのもいいんだけど、するのが好きなんだよねぇ。」

a. 私はテニスをすることが好きです。I like to play tennis.
b. *私はテニスをするが好きです。I like φ play tennis.

　上の日本語の例文では「テニスをすることが好き」が正しく、「テニスをするが好き」は誤りです。英語では「～すること」という場合、動詞にtoを付けて表します。このtoのついた形、to playを「不定詞」と呼びます。（このように動詞にtoが付く場合は、例えばplayedのように過去を表すためのedをつけるという限定はされないので不定詞と呼ばれます。）
　ここでは不定詞の主な用法の3つを扱います。下に3例をあげます。

c. 私はテニスをすることが好きです。I like to play tennis.
d. 私はテニスをするための時間がありません。I don't have time to play tennis.
e. 私はテニスをするためにここに来ます。I come here to play tennis.

　上の3例の下線部は英語ではすべてto playで表現されます。「～すること」という日本語に訳される場合は名詞の役割をするので名詞的用法、「～するための…」は前にある名詞を説明する役割をするので形容詞的用法と呼ばれます。3つ目の「～するために」は、何のためにそれをするかの目的を表す副詞的用法（目的）と呼ばれます。

1. My dream is to be an Olympic athlete.
2. It would be wonderful to travel around the world.
3. To keep early hours is good for your health.
4. He decided to join the baseball team.
5. We have a few things to do.
6. We must take books to read.
7. Pamela was hurrying to catch her train.
8. Most people work to earn money.

# Smooth Reading

文を見ながら音読練習をしてください。最初はゆっくりから始めて次第に速めていき、25秒で音読できるようにしてください。

1. My dream is to be an Olympic athlete.
   私の夢はオリンピック選手になることです。

2. It would be wonderful to travel around the world.
   世界中を旅行することは素晴らしいでしょう。

3. To keep early hours is good for your health.
   早寝（早起き）をすることは健康に良いです。

4. He decided to join the baseball team.
   彼はその野球チームに入ることを決めました。

5. We have a few things to do.
   私たちはいくつかやることがあります。

6. We must take books to read.
   私たちは読むための本を持って行かなくてはなりません。

7. Pamela was hurrying to catch her train.
   パメラは電車に乗るために急いでいました。

8. Most people work to earn money.
   たいていの人はお金を稼ぐために働きます。

Unit 8　INFINITIVES

# Sentence Jumbling

日本語に合う英文になるように単語を並べ替えてください。但し、（　）内では文頭にくる語も小文字で示してあります。

1. _____

   (athlete, Olympic, dream, an, be, to, is, my).
   私の夢はオリンピック選手になることです。

2. _____

   (wonderful, around, travel, would, world, the, to, it, be).
   世界中を旅行することは素晴らしいでしょう。

3. _____

   (health, hours, early, your, keep, good, for, is, to).
   早寝（早起き）をすることは健康に良いです。

4. _____

   (baseball, decided, team, join, the, to, he).
   彼はその野球チームに入ることを決めました。

5. _____

   (things, have, few, to, we, do, a).
   私たちはいくつかやることがあります。

6. _____

   (books, take, read, must, to, we).
   私たちは読むための本を持って行かなくてはなりません。

7. _____

   (hurrying, Pamela, catch, train, was, to, her).
   パメラは電車に乗るために急いでいました。

8. _____

   (people, money, earn, work, most, to).
   たいていの人はお金を稼ぐために働きます。

45

# Fill in Blanks ①

日本語に合う英文になるようにカッコを埋めてください。

1. My dream is (_____) (_____) an Olympic athlete.
   私の夢はオリンピック選手になることです。

2. It would be wonderful (_____) (_____) around the world.
   世界中を旅行することは素晴らしいでしょう。

3. (_____) (_____) early hours is good for your health.
   早寝（早起き）をすることは健康に良いです。

4. He decided (_____) (_____) the baseball team.
   彼はその野球チームに入ることを決めました。

5. We have a few things (_____) (_____).
   私たちはいくつかやることがあります。

6. We must take books (_____) (_____).
   私たちは読むための本を持って行かなくてはなりません。

7. Pamela was hurrying (_____) (_____) her train.
   パメラは電車に乗るために急いでいました。

8. Most people work (_____) (_____) money.
   たいていの人はお金を稼ぐために働きます。

Unit 8　INFINITIVES

# Fill in Blanks ②

日本語に合う英文になるようにカッコを埋めてください。

1. (_____) dream (_____) to (_____) an (_____) athlete.
   私の夢はオリンピック選手になることです。

2. (_____) would (_____) wonderful (_____) travel (_____) the (_____).
   世界中を旅行することは素晴らしいでしょう。

3. (_____) keep (_____) hours (_____) good (_____) your (_____).
   早寝（早起き）をすることは健康に良いです。

4. (_____) decided (_____) join (_____) baseball (_____).
   彼はその野球チームに入ることを決めました。

5. We (_____) a (_____) things (_____) do.
   私たちはいくつかやることがあります。

6. (_____) must (_____) books (_____) read.
   私たちは読むための本を持って行かなくてはなりません。

7. Pamela (_____) hurrying (_____) catch (_____) train.
   パメラは電車に乗るために急いでいました。

8. (_____) people (_____) to (_____) money.
   たいていの人はお金を稼ぐために働きます。

# Translation

日本語に合う英文を作ってください。

1．私の夢はオリンピック選手になることです。

2．世界中を旅行することは素晴らしいでしょう。

3．早寝（早起き）をすることは健康に良いです。

4．彼はその野球チームに入ることを決めました。

5．私たちはいくつかやることがあります。

6．私たちは読むための本を持って行かなくてはなりません。

7．パメラは電車に乗るために急いでいました。

8．たいていの人はお金を稼ぐために働きます。

# 助動詞
# AUXILIARY VERBS 9

> Too much exposure to artificial light and a failure to establish a 'light-dark' cycle can have a negative effect on health, suggests a new European study.

下の例文の(a)では単に「開ける（open）」という動作が表現されています。

| | | | |
|---|---|---|---|
| a. あなたは窓を開けます。 | You | φ | open the window. |
| b. あなたは窓を開ける<u>ことができます</u>。 | You | <u>can</u> | open the window. |
| c. あなたは窓を開け<u>てもよい</u>。 | You | <u>may</u> | open the window. |
| d. あなたは窓を開け<u>なくてはならない</u>。 | You | <u>must</u> | open the window. |

一方、(b)〜(d)は話している人の気持ちなどが付け加えられています。このような場合、英語では動詞を助ける助動詞が使われます。

「〜（することが）できる」というように能力を表す場合はcanという助動詞が使われます。「〜してもよい」と許可を表すにはmayが、そして「〜しなければならない」のように必要・義務・強制を表現する際はmustが動詞の前に置かれます。

　助動詞を使う際も不定詞を作るときと同じように動詞は形が変わりません。He can *opens the window.とか、He can opened the windows.とはなりません（過去形はHe was able to［≒could］open the windows.となります）。

1. Sharon is very musical. She can play three instruments.
2. Sarah could (≒ was able to) play the piano when she was five.
3. I must send my sister a card on her birthday.
4. May I leave class early to go to the hospital?
5. I think I should study harder to be a better English speaker.
6. The rioters must stop their violence.
7. You ought to wake up earlier so you will not be late for school.
8. We have to conserve more of our natural resources.

　　※couldは「能力があった」ことを、was able toは「能力があって実行できた」ことを表します。

# Smooth Reading

文を見ながら音読練習をしてください。最初はゆっくりから始めて次第に速めていき、25秒で音読できるようにしてください。

1. Sharon is very musical. She can play three instruments.
   シャロンはとても音楽の才能があります。彼女は3つの楽器を演奏できます。

2. Sarah could (≒was able to) play the piano when she was five.
   サラは5歳の時、ピアノを弾くことができました。

3. I must send my sister a card on her birthday.
   私は姉の誕生日に（姉に）カードを送らないといけません。

4. May I leave class early to go to the hospital?
   病院に行くために授業を早めに抜けてもいいですか。

5. I think I should study harder to be a better English speaker.
   私はもっと英語を話せる人になるためにもっと勉強すべきだと思います。

6. The rioters must stop their violence.
   その暴徒たちは暴力をやめなければなりません。

7. You ought to wake up earlier so you will not be late for school.
   あなたは学校に遅れないようにもっと早く起きるべきです。

8. We have to conserve more of our natural resources.
   私たちは天然資源のもっと多くを（天然資源をもっと）大切にしないといけません。

## Sentence Jumbling

日本語に合う英文になるように単語を並べ替えてください。但し、（ ）内では文頭にくる語も小文字で示してあります。

1. _____
   (musical, Sharon, very, is). (instruments, three, play, can, she).
   シャロンはとても音楽の才能があります。彼女は3つの楽器を演奏できます。

2. _____
   (piano, Sarah, [could (was able to)], when, play, five, the, she, was).
   サラは5歳の時、ピアノを弾くことができました。

3. _____
   (birthday, sister, card, must, send, her, my, on, I, a).
   私は姉の誕生日に（姉に）カードを送らないといけません。

4. _____
   (hospital, class, leave, early, may, the, go, to, to, I)?
   病院に行くために授業を早めに抜けてもいいですか。

5. _____
   (speaker, harder, English, should, better, think, study, be, to, I, I, a).
   私はもっと英語を話せる人になるためにもっと勉強すべきだと思います。

6. _____
   (violence, rioters, their, must, stop, the).
   その暴徒たちは暴力をやめなければなりません。

7. _____
   (earlier, school, ought, will, wake, late, you, you, not, for, be, so, to, up).
   あなたは学校に遅れないようにもっと早く起きるべきです。

8. _____
   (resources, conserve, natural, have, more, our, we, to, of).
   私たちは天然資源のもっと多くを（天然資源をもっと）大切にしないといけません。

# Fill in Blanks ①

日本語に合う英文になるようにカッコを埋めてください。

1. Sharon is very musical. She (_____) (_____) three instruments.
   シャロンはとても音楽の才能があります。彼女は3つの楽器を演奏できます。

2. Sarah (_____) (≒was able to) (_____) the piano when she was five.
   サラは5歳の時、ピアノを弾くことができました。

3. I (_____) (_____) my sister a card on her birthday.
   私は姉の誕生日に（姉に）カードを送らないといけません。

4. May I leave class early (_____) (_____) to the hospital?
   病院に行くために授業を早めに抜けてもいいですか。

5. I think I should study harder (_____) (_____) a better English speaker.
   私はもっと英語を話せる人になるためにもっと勉強すべきだと思います。

6. The rioters (_____) (_____) their violence.
   その暴徒たちは暴力をやめなければなりません。

7. You ought (_____) (_____) up earlier so you will not be late for school.
   あなたは学校に遅れないようにもっと早く起きるべきです。

8. We have (_____) (_____) more of our natural resources.
   私たちは天然資源のもっと多くを（天然資源をもっと）大切にしないといけません。

## Fill in Blanks ②

日本語に合う英文になるようにカッコを埋めてください。

1. Sharon (_____) very (_____). She (_____) play (_____) instruments.
   シャロンはとても音楽の才能があります。彼女は３つの楽器を演奏できます。

2. Sarah (_____) (≒was able to) play (_____) piano (_____) she (_____) five.
   サラは５歳の時、ピアノを弾くことができました。

3. I (_____) send (_____) sister (____) card on her birthday.
   私は姉の誕生日に（姉に）カードを送らないといけません。

4. (_____) I (_____) class (_____) to (_____) to (_____) hospital?
   病院に行くために授業を早めに抜けてもいいですか。

5. I (_____) I (_____) study (_____) to (_____) a (_____) English (_____).
   私はもっと英語を話せる人になるためにもっと勉強すべきだと思います。

6. The (_____) must (_____) their (_____).
   その暴徒たちは暴力をやめなければなりません。

7. (_____) ought (_____) wake (_____) earlier (_____) you (_____) not (_____) late (_____) school.
   あなたは学校に遅れないようにもっと早く起きるべきです。

8. We (_____) to (_____) more (_____) our (_____) resources.
   私たちは天然資源のもっと多くを（天然資源をもっと）大切にしないといけません。

# Translation

日本語に合う英文を作ってください。

1. シャロンはとても音楽の才能があります。彼女は3つの楽器を演奏できます。

2. サラは5歳の時、ピアノを弾くことができました。

3. 私は姉の誕生日に(姉に)カードを送らないといけません。

4. 病院に行くために授業を早めに抜けてもいいですか。

5. 私はもっと英語を話せる人になるためにもっと勉強すべきだと思います。

6. その暴徒たちは暴力をやめなければなりません。

7. あなたは学校に遅れないようにもっと早く起きるべきです。

8. 私たちは天然資源のもっと多くを(天然資源をもっと)大切にしないといけません。

# 受動態
# PASSIVE VOICES 10

It's been known for years that taking folic acid before and during pregnancy can prevent neural tube defects like spina bifida in newborns. But research suggests the B vitamin also appears to lower the risk of some potentially fatal congenital heart defects in children.

『ママがサンタにキスをした（原題："I Saw Mommy Kissing Santa Claus"）』という有名な歌があります。この日本語を図で表すと、例えば図1のようになります。「ママ」が「サンタ」に「キスをする」という"働きかけ"が表現されている図です。

　　　　キスをした　　　　　　　　　　キスされた
　　「ママ　⇒　サンタ」　　　　　「サンタ　←　ママ」

　　　　図1　　　　　　　　　　　　　図2

次にキスという行為を「される側」、つまり「サンタ」の側から表現すると、「サンタはママにキスをされた。」という文になります。これは図2のようになります。これが受動態の考え方です。

a. ママがサンタにキスをしました。Mommy kissed Santa Claus.
b. サンタはママにキスをされました。Santa Claus was kissed by Mommy.

英語では上のように「キスされた」の部分がwas kissed（be動詞＋過去分詞）となります。その後に「誰に（よって）キスされたのか」を表すby Mommy（ママによって）が続きます。

　　　　誰が　　　　どうされた　　　　誰に
　　　　サンタが　　キスされた　　　　ママに
　　　　Santa Claus　was kissed　　　by Mommy.

1. Santa Claus was kissed by Mommy.
2. We were stopped by the police.
3. The documents were all blown away by the wind.
4. Japan was defeated in the final game.
5. The results of the Olympic events were published in the newspaper.
6. Twenty students were selected for the football team.
7. Dozens of people were killed in the bomb explosion.
8. The expressway was closed last night due to a serious road accident.

# Smooth Reading

文を見ながら音読練習をしてください。最初はゆっくりから始めて次第に速めていき、25秒で音読できるようにしてください。

1. Santa Claus was kissed by Mommy.
   サンタはママにキスをされました。

2. We were stopped by the police.
   私たちは警察に止められました。

3. The documents were all blown away by the wind.
   その書類はすべて風に（よって）吹き飛ばされました。

4. Japan was defeated in the final game.
   日本は最後の試合で敗れました（負かされました）。

5. The results of the Olympic events were published in the newspaper.
   そのオリンピック競技の結果は新聞に掲載されました。

6. Twenty students were selected for the football team.
   20人の学生がそのフットボールチーム（のため）に選ばれました。

7. Dozens of people were killed in the bomb explosion.
   たくさんの人がその（爆弾の）爆発で殺されました。

8. The expressway was closed last night due to a serious road accident.
   その高速道路は大事故により昨夜閉鎖されました。

Unit 10  PASSIVE VOICES

# Sentence Jumbling

日本語に合う英文になるように単語を並べ替えてください。但し、（　）内では文頭にくる語も小文字で示してあります。

1. ＿＿＿＿＿＿＿＿＿＿＿＿＿＿＿＿＿＿＿＿＿＿＿＿＿＿＿＿＿＿＿＿＿＿＿＿＿＿
   (Claus, kissed, Santa, Mommy, was, by).
   サンタはママにキスをされました。

2. ＿＿＿＿＿＿＿＿＿＿＿＿＿＿＿＿＿＿＿＿＿＿＿＿＿＿＿＿＿＿＿＿＿＿＿＿＿＿
   (stopped, police, were, the, by, we).
   私たちは警察に止められました。

3. ＿＿＿＿＿＿＿＿＿＿＿＿＿＿＿＿＿＿＿＿＿＿＿＿＿＿＿＿＿＿＿＿＿＿＿＿＿＿
   (documents, blown, wind, away, all, were, the, the, by).
   その書類はすべて風に（よって）吹き飛ばされました。

4. ＿＿＿＿＿＿＿＿＿＿＿＿＿＿＿＿＿＿＿＿＿＿＿＿＿＿＿＿＿＿＿＿＿＿＿＿＿＿
   (defeated, final, Japan, game, was, the, in).
   日本は最後の試合で敗れました（負かされました）。

5. ＿＿＿＿＿＿＿＿＿＿＿＿＿＿＿＿＿＿＿＿＿＿＿＿＿＿＿＿＿＿＿＿＿＿＿＿＿＿
   (published, newspaper, Olympic, results, events, were, the, the, the, in, of).
   そのオリンピック競技の結果は新聞に掲載されました。

6. ＿＿＿＿＿＿＿＿＿＿＿＿＿＿＿＿＿＿＿＿＿＿＿＿＿＿＿＿＿＿＿＿＿＿＿＿＿＿
   (students, selected, football, twenty, team, were, the, for).
   20人の学生がそのフットボールチーム（のため）に選ばれました。

7. ＿＿＿＿＿＿＿＿＿＿＿＿＿＿＿＿＿＿＿＿＿＿＿＿＿＿＿＿＿＿＿＿＿＿＿＿＿＿
   (explosion, people, dozens, killed, were, bomb, the, of, in).
   たくさんの人がその（爆弾の）爆発で殺されました。

8. ＿＿＿＿＿＿＿＿＿＿＿＿＿＿＿＿＿＿＿＿＿＿＿＿＿＿＿＿＿＿＿＿＿＿＿＿＿＿
   (expressway, accident, serious, closed, night, road, last, the, was, due, to, a).
   その高速道路は大事故により昨夜閉鎖されました。

# Fill in Blanks ①

日本語に合う英文になるようにカッコを埋めてください。

1. Santa Claus (_____) (_____) by Mommy.
   サンタはママにキスをされました。

2. We (_____) (_____) by the police.
   私たちは警察に止められました。

3. The documents were all (_____) (_____) by the wind.
   その書類はすべて風に（よって）吹き飛ばされました。

4. Japan (_____) (_____) in the final game.
   日本は最後の試合で敗れました（負かされました）。

5. The results of the Olympic events (_____) (_____) in the newspaper.
   そのオリンピック競技の結果は新聞に掲載されました。

6. Twenty students (_____) (_____) for the football team.
   20人の学生がそのフットボールチーム（のため）に選ばれました。

7. Dozens of people (_____) (_____) in the bomb explosion.
   たくさんの人がその（爆弾の）爆発で殺されました。

8. The expressway (_____) (_____) last night due to a serious road accident.
   その高速道路は大事故により昨夜閉鎖されました。

Unit 10  **PASSIVE VOICES**

# Fill in Blanks ②

日本語に合う英文になるようにカッコを埋めてください。

1. (_____) Claus (_____) kissed (_____) Mommy.
   サンタはママにキスをされました。

2. We (_____) stopped (_____) the (_____).
   私たちは警察に止められました。

3. (_____) documents (_____) all (_____) away (_____) the (_____).
   その書類はすべて風に（よって）吹き飛ばされました。

4. (_____) was (_____) in (_____) final (_____).
   日本は最後の試合で敗れました（負かされました）。

5. The (_____) of (_____) Olympic (_____) were (_____) in (_____) newspaper.
   そのオリンピック競技の結果は新聞に掲載されました。

6. Twenty (_____) were (_____) for (_____) football (_____).
   20人の学生がそのフットボールチーム（のため）に選ばれました。

7. (_____) of (_____) were (_____) in (_____) bomb (_____).
   たくさんの人がその（爆弾の）爆発で殺されました。

8. (_____) expressway (_____) closed (_____) night (_____) to (_____) serious (_____) accident.
   その高速道路は大事故により昨夜閉鎖されました。

59

## Translation

日本語に合う英文を作ってください。

1．サンタはママにキスをされました。

2．私たちは警察に止められました。

3．その書類はすべて風に（よって）吹き飛ばされました。

4．日本は最後の試合で敗れました（負かされました）。

5．そのオリンピック競技の結果は新聞に掲載されました。

6．20人の学生がそのフットボールチーム（のため）に選ばれました。

7．たくさんの人がその（爆弾の）爆発で殺されました。

8．その高速道路は大事故により昨夜閉鎖されました。

# 比較（原級、比較級、最上級）
## COMPARISONS  11

- People who eat more fruits and vegetables as part of an overall healthy diet are likely to have a reduced risk of some chronic diseases.
- According to a new study, more than 80 percent of people living in cities are breathing unsafe air.
- Brain surgery may be the most complicated and risky surgery, next to liver transplants, intestine transplants, and open heart surgery.

ここでは比較の表現を扱います。
   a. 旭岳は高い。Mt. Asahidake is high.（原級）
   b. 旭岳は羊蹄山より高い。Mt. Asahidake is higher than Mt. Youteizan.（比較級）
   c. 旭岳は北海道で最も高い。Mt. Asahidake is the highest in Hokkaido.（最上級）

まず、1つのものについてその性質・状態を説明する場合は(a)のように言います。ここでは「高いhigh」という形容詞で「山」を表現しています。次にこの「高い」という状態の程度を他と比べる場合は(b)のようになります。このとき語が変化して「より高いhigher」となります。さらに3つ以上の中で一番程度が高い場合は「最も高いhighest」とします。

このように英語では、higher, highestのようにer, estを語尾に付けて比較を表現します。最上級には通常はtheを付けます。

語形変化の際、これ以外にmore, mostを語の前に置く場合、異なる語を使用する場合があります。

さらに、2つを比較してそれが同程度という言い方があります。例えば「彼は父親と同じくらい速く走れる」はHe can run as fast as his father.となります。

1. The CD is cheaper than the record.
2. The record is more expensive than the CD.
3. The disc is the most expensive.
4. The party was not as/so interesting as we had expected.
5. Her room is more comfortable than mine.
6. Yesterday was the coldest day of the year.
7. He is the most famous tennis player in Japan.
8. My grades were even worse than my brother's.

# Smooth Reading

文を見ながら音読練習をしてください。最初はゆっくりから始めて次第に速めていき、25秒で音読できるようにしてください。

1. The CD is cheaper than the record.
   CDはレコードより安いです。

2. The record is more expensive than the CD.
   レコードはCDより高価です。

3. The disc is the most expensive.
   ディスクは一番高価です。

4. The party was not as/so interesting as we had expected.
   そのパーティは私たちが期待していたほど面白くなかった。

5. Her room is more comfortable than mine.
   彼女の部屋は私のより快適です。

6. Yesterday was the coldest day of the year.
   昨日は一年で一番寒い日でした。

7. He is the most famous tennis player in Japan.
   彼は日本で一番有名なテニスプレーヤーです。

8. My grades were even worse than my brother's.
   私の成績は弟のよりずっと悪かった。

Unit 11 **COMPARISONS**

# Sentence Jumbling

日本語に合う英文になるように単語を並べ替えてください。但し、（　）内では文頭にくる語も小文字で示してあります。

1. _____

   (cheaper, record, than, the, the, CD, is).
   CDはレコードより安いです。

2. _____

   (expensive, record, more, than, the, the, CD, is).
   レコードはCDより高価です。

3. _____

   (expensive, disc, most, the, the, is).
   ディスクは一番高価です。

4. _____

   (interesting, expected, party, the, not, was, had, we, as/so, as).
   そのパーティは私たちが期待していたほど面白くなかった。

5. _____

   (comfortable, more, mine, than, room, her, is).
   彼女の部屋は私のより快適です。

6. _____

   (yesterday, coldest, year, the, the, was, day, of).
   昨日は一年で一番寒い日でした。

7. _____

   (famous, tennis, Japan, player, most, the, in, is, he).
   彼は日本で一番有名なテニスプレーヤーです。

8. _____

   (brother's, worse, grades, were, even, than, my, my).
   私の成績は弟のよりずっと悪かった。

63

# Fill in Blanks ①

日本語に合う英文になるようにカッコを埋めてください。

1. The CD is (_____) (_____) the record.
   CDはレコードより安いです。

2. The record is (_____) (_____) than the CD.
   レコードはCDより高価です。

3. The disc is the (_____) (_____).
   ディスクは一番高価です。

4. The party was not as/so (_____) (_____) we had expected.
   そのパーティは私たちが期待していたほど面白くなかった。

5. Her room is more (_____) (_____) mine.
   彼女の部屋は私のより快適です。

6. Yesterday was (_____) (_____) day of the year.
   昨日は一年で一番寒い日でした。

7. He is the (_____) (_____) tennis player in Japan.
   彼は日本で一番有名なテニスプレーヤーです。

8. My grades were even (_____) (_____) my brother's.
   私の成績は弟のよりずっと悪かった。

Unit 11 **COMPARISONS**

# Fill in Blanks ②

日本語に合う英文になるようにカッコを埋めてください。

1. (_____) CD (____) cheaper (_____) the record.
   CDはレコードより安いです。

2. (_____) record (____) more (_____) than (_____) CD.
   レコードはCDより高価です。

3. The (_____) is (_____) most (_____).
   ディスクは一番高価です。

4. The (_____) was (_____) as/so (_____) as (____) had (_____).
   そのパーティは私たちが期待していたほど面白くなかった。

5. Her (_____) is (_____) comfortable (_____) mine.
   彼女の部屋は私のより快適です。

6. Yesterday (_____) the (_____) day (____) the (_____).
   昨日は一年で一番寒い日でした。

7. He (____) the (_____) famous (_____) player (____) Japan.
   彼は日本で一番有名なテニスプレーヤーです。

8. (____) grades (____) even (_____) than (____) brother's.
   私の成績は弟のよりずっと悪かった。

# Translation

日本語に合う英文を作ってください。

1．CDはレコードより安いです。

2．レコードはCDより高価です。

3．ディスクは一番高価です。

4．そのパーティは私たちが期待していたほど面白くなかった。

5．彼女の部屋は私のより快適です。

6．昨日は一年で一番寒い日でした。

7．彼は日本で一番有名なテニスプレーヤーです。

8．私の成績は弟のよりずっと悪かった。

# 分詞（現在分詞、過去分詞：前置、後置）
## PARTICIPLES

## 12

> According to a new American study, boys exposed in utero to bisphenol A (BPA) — a chemical commonly used in plastics — could be at greater risk of developing symptoms of anxiety and depression at age 10 to 12.

ここでは人やものを説明（修飾）する方法を学習します。例えば「あのメガネの人、誰だっけ」という文を見てみます。「あのメガネの人」という日本語の中の「あのメガネの」という部分は「人」がどんな「人」なのかを説明しています。ここでは「分詞」を用いて説明するパターンを取りあげます。

## 説明の仕方（前置修飾・後置修飾）

まず、説明する語（句）をどこに置いて説明するかを学びます。前に置いて説明するか、後ろに置いて説明するかということを扱います。

  卵 an egg     赤ちゃん a baby
 a. 大きな卵 a big egg   かわいい赤ちゃん a cute baby
 b. ゆで卵（ゆでられた卵）a boiled egg 眠っている赤ちゃん a sleeping baby

上の例では、英語も日本語と同じ「説明する語 ⇒ 説明される語」の順番です。「卵」または「赤ちゃん」を説明する場合、「大きな」「かわいい」「ゆでられた」「眠っている」のそれぞれの"説明することば"は、説明される語の前についています。

ところが「鍋でゆでられた卵」「ソファで眠っている赤ちゃん」のように説明の部分が長くなる場合（通常2語以上）、英語では説明をうしろに置きます。

 c. 鍋でゆでられた卵 an egg boiled in the pan
 d. ソファで眠っている赤ちゃん a baby sleeping on the sofa

## 現在分詞・過去分詞

説明の仕方には「眠っている赤ちゃん」のように「〜している（何か）」と説明する場合、「ゆでられた卵」のように「〜された（何か）」と説明する場合の2つがあります。英語では「眠る」はsleepです。「眠っている（何か）」と説明する場合はsleepingという現在分詞を用います。「眠っている赤ちゃん」はa sleeping babyです。また、「〜された（何か）」と表現する場合は動詞の過去分詞という形を用います。「ゆでる」はboilです。この動詞の過去分詞はboiledです。よって「ゆでられた卵」はa boiled eggとなります。

これが分詞の働きと使い方です。

1. My son has several decayed teeth.
2. The injured victims were taken to the hospital.
3. Barking dogs seldom bite.
4. A drowning man will catch at a straw.
5. I like detective stories written by Mr. H.
6. I have a watch made in Switzerland.
7. Many people cheered the boys dancing and singing on the stage.
8. Teachers often have nicknames known only by their students.

# Smooth Reading

文を見ながら音読練習をしてください。最初はゆっくりから始めて次第に速めていき、25秒で音読できるようにしてください。

1. My son has several decayed teeth.
   私の息子には虫歯（虫歯にさせられた歯）が何本かあります。

2. The injured victims were taken to the hospital.
   その負傷した（ケガをさせられた）犠牲者たちは病院に運ばれました。

3. Barking dogs seldom bite.
   吠え（てい）る犬はめったに噛まない。

4. A drowning man will catch at a straw.
   溺れ（てい）る者は藁(わら)をもつかむ。

5. I like detective stories written by Mr. H.
   私はH氏に（よって）書かれた探偵小説が好きです。

6. I have a watch made in Switzerland.
   私はスイス製の（スイスで作られた）腕時計を持っています。

7. Many people cheered the boys dancing and singing on the stage.
   たくさんの人がそのステージで踊ったり歌ったりしている男の子たちに喝采を送りました。

8. Teachers often have nicknames known only by their students.
   教師はたいてい学生たちだけに知られているあだ名があるものです。

## Sentence Jumbling

日本語に合う英文になるように単語を並べ替えてください。但し、（ ）内では文頭にくる語も小文字で示してあります。

1. _____
   (decayed, several, teeth, son, has, my).
   私の息子には虫歯（虫歯にさせられた歯）が何本かあります。

2. _____
   (hospital, injured, victims, taken, were, the, the, to).
   その負傷した（ケガをさせられた）犠牲者たちは病院に運ばれました。

3. _____
   (barking, seldom, bite, dogs).
   吠え（てい）る犬はめったに噛まない。

4. _____
   (drowning, catch, straw, will, man, at, a, a).
   溺れ（てい）る者は藁もつかむ。

5. _____
   I (detective, written, stories, like, by, Mr. H).
   私はH氏に（よって）書かれた探偵小説が好きです。

6. _____
   (Switzerland, watch, have, made, in, I, a).
   私はスイス製の（スイスで作られた）腕時計を持っています。

7. _____
   (cheered, dancing, singing, people, stage, many, boys, and, the, the, on).
   たくさんの人がそのステージで踊ったり歌ったりしている男の子たちに喝采を送りました。

8. _____
   (nicknames, teachers, students, often, known, their, only, have, by).
   教師はたいてい学生たちだけに知られているあだ名があるものです。

# Fill in Blanks ①

日本語に合う英文になるようにカッコを埋めてください。

1. My son has several (_____) (_____).
   私の息子には虫歯（虫歯にさせられた歯）が何本かあります。

2. The (_____) (_____) were taken to the hospital.
   その負傷した（ケガをさせられた）犠牲者たちは病院に運ばれました。

3. (_____) (_____) seldom bite.
   吠え（てい）る犬はめったに噛まない。

4. A (_____) (_____) will catch at a straw.
   溺れ（てい）る者は藁をもつかむ。

5. I like detective stories (_____) (_____) Mr. H.
   私はH氏に（よって）書かれた探偵小説が好きです。

6. I have a watch (_____) (_____) Switzerland.
   私はスイス製の（スイスで作られた）腕時計を持っています。

7. Many people cheered the boys (_____) and (_____) on the stage.
   たくさんの人がそのステージで踊ったり歌ったりしている男の子たちに喝采を送りました。

8. Teachers often have nicknames (_____) only (_____) their students.
   教師はたいてい学生たちだけに知られているあだ名があるものです。

## Fill in Blanks ②

日本語に合う英文になるようにカッコを埋めてください。

1. (_____) son (_____) several (_____) teeth.
   私の息子には虫歯（虫歯にさせられた歯）が何本かあります。

2. The (_____) victims (_____) taken (_____) the (_____).
   その負傷した（ケガをさせられた）犠牲者たちは病院に運ばれました。

3. (_____) dogs (_____) bite.
   吠え（てい）る犬はめったに噛まない。

4. A (_____) man (_____) catch (_____) a (_____).
   溺れ（てい）る者は藁をもつかむ。

5. I (_____) detective (_____) written (_____) Mr. H.
   私はH氏に（よって）書かれた探偵小説が好きです。

6. (____) have (____) watch (_____) in (_____).
   私はスイス製の（スイスで作られた）腕時計を持っています。

7. Many (_____) cheered (_____) boys (_____) and (_____) on (_____) stage.
   たくさんの人がそのステージで踊ったり歌ったりしている男の子たちに喝采を送りました。

8. (_____) often (_____) nicknames (_____) only (_____) their (_____).
   教師はたいてい学生たちだけに知られているあだ名があるものです。

# Translation

日本語に合う英文を作ってください。

1．私の息子には虫歯（虫歯にさせられた歯）が何本かあります。

2．その負傷した（ケガをさせられた）犠牲者たちは病院に運ばれました。

3．吠え（てい）る犬はめったに噛まない。

4．溺れ（てい）る者は藁をもつかむ。

5．私はH氏に（よって）書かれた探偵小説が好きです。

6．私はスイス製の（スイスで作られた）腕時計を持っています。

7．たくさんの人がそのステージで踊ったり歌ったりしている男の子たちに喝采を送りました。

8．教師はたいてい学生たちだけに知られているあだ名があるものです。

# 関係詞（関係代名詞、関係副詞）
## RELATIVES 13

- Qualitative research means any kind of research whose findings are not arrived at by statistical or other quantitative procedures.
- The head of the pancreas lies on the right side of the abdomen where the stomach is attached to the first part of the small intestine.

英語にはいろいろな説明パターンがあります。ここでは関係詞を用いた説明方法を扱います。

## 関係代名詞（人や物、事柄の説明）

「当別出身の芸能人って誰かいたっけ」という文を考えます。この文の「当別出身の芸能人」という部分に焦点を当てます。ここでは「当別出身の」が「芸能人を」を修飾しています。前章で扱った分詞を用いても可能ですが（an entertainer coming from Tobetsu）、ここでは関係詞を使う方法を学習します。これも説明部分が長いので後置修飾の形をとります。関係詞はすべてそうです。

当別出身の芸能人　an entertainer who comes from Tobetsu

Is there an entertainer　　　　　　　　　who comes from Tobetsu?
芸能人はいますか　（どんな芸能人かというと）　当別出身の

このように「人」を説明するときは関係代名詞を用います。用途によってwho, whose, that, whom が使われます。人以外を説明するときはwhich, whose, thatが使われます。

## 関係副詞（時、場所、理由を説明する）

「場所」を説明するには関係副詞whereが用いられます。「時」を説明するときはwhen、「理由」を説明するにはwhyが使われます。下の例文をみてみましょう。

マッサンがウイスキー工場を作るために越してきた ⇒ 町（町を前から説明）
a town ← where Massan came to build a whiskey factory（townを後ろから説明）

余市はマッサンがウイスキー工場を作るために引っ越してきた町です。
Yoichi is a town where Massan came to build a whiskey factory.

この例文の"幹"は「余市はとある町だ」です。この幹に枝を付けると「余市は町です、マッサンがウイスキー工場を作るために越してきた、そういう町です」となります。つまりこの文では「余市がどんな場所（町）なのか」を「マッサンがウイスキー工場を作るために越してきた、そういう町」というふうに説明しています。「マッサンがウイスキー工場を作るために越してきた ⇒ そういう町」という説明の仕方です。（「余市は有名な町です」のように「町」の説明が「有名な」だけであればa famous townのように「有名な（famous）」は前置されます。）これが関係詞の概要です。

1. I like Tobetsu town, which is rich in nature.
2. I clearly remember the day when I first saw him.
3. I don't like people who tell jokes all the time.
4. The little girl who sat next to me on the bus ate sweets the whole way.
5. They've recaptured all the animals that escaped from the zoo.
6. The person whom the police were questioning has now been released.
7. Someone whose bicycle had been stolen was reporting it to the police.
8. The shop didn't have what I wanted.

## Unit 13 RELATIVES

## Smooth Reading

文を見ながら音読練習をしてください。最初はゆっくりから始めて次第に速めていき、25秒で音読できるようにしてください。

1. I like Tobetsu town, which is rich in nature.
   私は自然に恵まれた当別町が好きです。

2. I clearly remember the day when I first saw him.
   私は最初に彼を見た日をはっきりと覚えています。

3. I don't like people who tell jokes all the time.
   私はいつも冗談ばかり言う人は好きではありません。

4. The little girl who sat next to me on the bus ate sweets the whole way.
   バスで隣に座ったその女の子はずっと甘いものを食べていました。

5. They've recaptured all the animals that escaped from the zoo.
   彼らは動物園から逃げ出したすべての動物を捕獲し終えました。

6. The person whom the police were questioning has now been released.
   警察が尋問していた人物は今は解放されています。

7. Someone whose bicycle had been stolen was reporting it to the police.
   自分の自転車を盗まれた人がそのことを警察に届けていました。

8. The shop didn't have what I wanted.
   その店は私が欲しかったものを置いていなかった。

# Sentence Jumbling

日本語に合う英文になるように単語を並べ替えてください。但し、（ ）内では文頭にくる語も小文字で示してあります。

1. _____
   (Tobetsu, nature, which, town, rich, like, is, in, I).
   私は自然に恵まれた当別町が好きです。

2. _____
   (remember, clearly, first, when, saw, day, him, the, I, I).
   私は最初に彼を見た日をはっきりと覚えています。

3. _____
   (people, jokes, don't, tell, time, like, the, who, all, I).
   私はいつも冗談ばかり言う人は好きではありません。

4. _____
   (sweets, little, whole, girl, next, sat, who, the, the, the, ate, bus, way, to, me, on).
   バスで隣に座ったその女の子はずっと甘いものを食べていました。

5. _____
   (recaptured, escaped, they've, animals, that, from, zoo, all, the, the).
   彼らは動物園から逃げ出したすべての動物を捕獲し終えました。

6. _____
   (questioning, released, police, person, whom, were, been, the, the, has, now).
   警察が尋問していた人物は今は解放されています。

7. _____
   (reporting, someone, bicycle, police, stolen, whose, been, the, had, was, to, it).
   自分の自転車を盗まれた人がそのことを警察に届けていました。

8. _____
   (wanted, didn't, shop, have, what, the, I).
   その店は私が欲しかったものを置いていなかった。

Unit 13 **RELATIVES**

# Fill in Blanks ①

日本語に合う英文になるようにカッコを埋めてください。

1. I like Tobetsu town, (_____) (_____) rich in nature.
   私は自然に恵まれた当別町が好きです。

2. I clearly remember the (_____) (_____) I first saw him.
   私は最初に彼を見た日をはっきりと覚えています。

3. I don't like people (_____) (_____) jokes all the time.
   私はいつも冗談ばかり言う人は好きではありません。

4. The little girl (_____) (_____) next to me on the bus ate sweets the whole way.
   バスで隣に座ったその女の子はずっと甘いものを食べていました。

5. They've recaptured all the animals (_____) (_____) from the zoo.
   彼らは動物園から逃げ出したすべての動物を捕獲し終えました。

6. The (_____) (_____) the police were questioning has now been released.
   警察が尋問していた人物は今は解放されています。

7. (_____) (_____) bicycle had been stolen was reporting it to the police.
   自分の自転車を盗まれた人がそのことを警察に届けていました。

8. The shop didn't have (_____) (____) wanted.
   その店は私が欲しかったものを置いていなかった。

# Fill in Blanks ②

日本語に合う英文になるようにカッコを埋めてください。

1. (____) like (_____) town, (_____) is (_____) in (_____).
   私は自然に恵まれた当別町が好きです。

2. I (_____) remember (_____) day (_____) I (_____) saw (_____).
   私は最初に彼を見た日をはっきりと覚えています。

3. (____) don't (_____) people (_____) tell (_____) all (_____) time.
   私はいつも冗談ばかり言う人は好きではありません。

4. The (_____) girl (_____) sat (_____) to (_____) on (_____) bus (_____) sweets (_____) whole (_____).
   バスで隣に座ったその女の子はずっと甘いものを食べていました。

5. They've (_____) all (_____) animals (_____) escaped (_____) the (_____).
   彼らは動物園から逃げ出したすべての動物を捕獲し終えました。

6. (_____) person (_____) the (_____) were (_____) has (_____) been (_____).
   警察が尋問していた人物は今は解放されています。

7. Someone (_____) bicycle (_____) been (_____) was (_____) it (_____) the (_____).
   自分の自転車を盗まれた人がそのことを警察に届けていました。

8. (_____) shop (_____) have (_____) I (_____).
   その店は私が欲しかったものを置いていなかった。

## Translation

日本語に合う英文を作ってください。

1．私は自然に恵まれた当別町が好きです。

2．私は最初に彼を見た日をはっきりと覚えています。

3．私はいつも冗談ばかり言う人は好きではありません。

4．バスで隣に座ったその女の子はずっと甘いものを食べていました。

5．彼らは動物園から逃げ出したすべての動物を捕獲し終えました。

6．警察が尋問していた人物は今は解放されています。

7．自分の自転車を盗まれた人がそのことを警察に届けていました。

8．その店は私が欲しかったものを置いていなかった。

## TEXT PRODUCTION STAFF

| edited by | 編集 |
| Katsuo Hada | 羽田　克夫 |

| cover design by | 表紙デザイン |
| Ruben Frosali | ルーベン・フロサリ |

| text design by | 本文デザイン |
| Ruben Frosali | ルーベン・フロサリ |

| illustration by | イラスト |
| Yoko Sekine | 関根　庸子 |

## CD PRODUCTION STAFF

| narrated by | 吹き込み者 |
| Rachel Walzer (AmE) | レイチェル・ウォルザー（アメリカ英語） |

---

### English Motivator
### 13 Ways to Learn Basic English

2017年2月20日　初版発行
2021年2月15日　第4刷発行

著　　者　　足利　俊彦
　　　　　　白鳥　亜矢子
　　　　　　TARNOFF Howard
　　　　　　塚越　博史
執筆協力　　鎌田　禎子
　　　　　　松本　由起子

発 行 者　　佐野　英一郎
発 行 所　　株式会社 成 美 堂
　　　　　　〒101-0052　東京都千代田区神田小川町3-22
　　　　　　TEL 03-3291-2261　FAX 03-3293-5490
　　　　　　https://www.seibido.co.jp

印刷・製本　　株式会社加藤文明社印刷所

ISBN 978-4-7919-5080-5　　　　　　　　　　　　　　Printed in Japan

・落丁・乱丁本はお取り替えします。
・本書の無断複写は、著作権上の例外を除き著作権侵害となります。